Steeds meer mensen gaan vegetarisch eten. Hiervoor zijn diverse oorzaken aan te wijzen. Sommigen worden vegetariër omdat ze vinden dat dieren slecht behandeld worden, anderen willen het milieu sparen en veel mensen eten geen vlees uit gezondheidsoverwegingen.

VEGETARISCHE
da's pas koken
GERECHTEN

met dit boek krijg je zin om te koken

Colofon

© 2005 Rebo International b.v.
www.rebo-publishers.com - info@rebo-publishers.com

2e druk 2009

Eerder uitgegeven in 1998 door Rebo Productions, Lisse.
Oorspronkelijke titel: Vegetarian, Inspiring ideas for delicious meals, snacks and treats.
Originele recepten en foto's op blz. 12-13, 18-19, 20-21, 22-23, 26-27, 32-33, 36-37, 40-41, 42-43, 44-45, 56-57, 60-61, 70-71, 72-73, 74-75, 76-77, 78-79, 80-81, 84-85, 94-95 © Ceres Verlag, Rudolf-August Oetker KG, Bielefeld, Duitsland. Alle andere recepten en foto's © Quadrillion Publishing Ltd., Godalming, Surrey, GU7 1XW Engeland.

concept en ontwerp: Minkowsky visuele communicatie
www.minkowsky.com

vertaling: Marga Sevensma voor TextCase, Groningen

ISBN 978 90 366 1712 3

Gedrukt in China

Alle rechten voorbehouden. Niets uit deze uitgave mag worden verveelvoudigd en/of openbaar gemaakt door middel van druk, fotokopie, microfilm of op welke andere wijze ook zonder voorafgaande schriftelijke toestemming van de uitgever.

VEGETARISCHE GERECHTEN
da's pas koken

Voorwoord

Steeds meer mensen gaan vegetarisch eten. Hiervoor zijn diverse oorzaken aan te wijzen. Sommigen worden vegetariër omdat ze vinden dat dieren slecht behandeld worden, anderen willen het milieu sparen en veel mensen eten geen vlees uit gezondheidsoverwegingen.

Dit kookboek bevat een uitgebreide verzameling spannende recepten voor iedereen die van lekker eten houdt. Het maakt niet uit of u vegetariër bent of niet. Proef vegetarische hoogtepunten uit de internationale keuken, zoals Spaanse Gazpacho, Griekse Tzatziki, Indiase groentecurry en de uit het Midden-Oosten afkomstige Tabouleh. Of geniet van moderne gerechten, zoals Waterkers-champignonpaté, Pastinaakbeignets, Aardappelcourgettegratin, Chocolade-amandelkoekjes en Cashew-ijs. Probeer vandaag nog een vegetarisch recept uit!

AFKORTINGEN

el = eetlepel
tl = theelepel
g = gram
kg = kilogram
ml = milliliter
l = liter
°C = graden Celsius

Groentesoep

voor 4-6 personen

DIT HEB JE NODIG

1 el margarine
1/2 venkelknol, fijngehakt
3 wortels, in blokjes gesneden
1 ui, gehakt
2-3 teentjes knoflook, fijngehakt
1 pastinaak, in blokjes gesneden
zout en versgemalen zwarte peper
2 tl gedroogde peterselie

1 el tomatenpuree
1 aardappel, in plakjes gesneden
1,2 l groentebouillon
55 g diepvrieserwten

ZO MAAK JE HET

Laat de margarine smelten en voeg de venkel, de wortels, de knoflook, de pastinaak en het zout en de peper toe. Doe het deksel op de pan en laat het mengsel 10-15 min. zachtjes bakken. Schep het mengsel af en toe om.

Voeg de peterselie, tomatenpuree, aardappel en bouillon toe. Meng alles goed. Laat het geheel 20-30 min. zachtjes koken tot de groenten gaar zijn.

Roer af en toe in de soep. Voeg de erwten toe. Breng het geheel aan de kook en dien de soep direct op. Schep de soep in warme soepkommen.

Erwtensoep

voor 6 personen

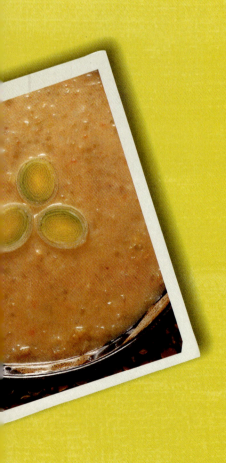

ZO MAAK JE HET

Kook de spliterwten onder af en toe roeren 10-15 min. in de bouillon. Laat de margarine smelten en fruit de ui, selderij en prei enkele minuten. Schep het mengsel af en toe om.

Voeg de aardappelen en wortel aan de erwten toe. Breng het geheel aan de kook. Doe het deksel op de pan en laat het mengsel zachtjes koken. Roer af en toe.

Neem de pan van het vuur, laat de inhoud enigszins afkoelen en pureer het in een foodprocessor of blender tot een glad mengsel. Verwarm het gepureerde mengsel onder af en toe roeren tot het gloeiend heet is.

Breng het geheel op smaak met peper en zout. Schep de soep in warme soepkommen. Garneer het geheel met preiringen.

TIP

Als u de groenten fijn snijdt, kunt u de soep ook opdienen zonder deze eerst te pureren. Als u geen foodprocessor of blender hebt, kunt u de soep ook door een zeef wrijven. De soep wordt dan niet zo dik.

DIT HEB JE NODIG

225 g spliterwten
1,7 l groentebouillon
55 g plantaardige margarine
1 ui, gehakt
3 stengels selderij, gehakt
2 stengels prei, fijngesneden
2 aardappelen, in blokjes gesneden
1 wortel, fijngehakt
zout en versgemalen zwarte peper
preiringen, ter garnering

Groentesoep met gerst

voor 6 personen

ZO MAAK JE HET

Laat de rogge en parelgort een nacht in ruim water weken. Doe de groenten, granen en het nat waarin de granen hebben geweekt in een pan. Voeg 5 dl water, het zout, de venkel, dragon en peper toe. Meng alles goed.

Breng het mengsel aan de kook en doe het deksel op de pan. Laat het ongeveer 20-30 min. koken tot de groenten en de granen gaar zijn. Roer af en toe in de pan. Voeg de melk, room en dille toe en verwarm het geheel langzaam.

Schep de soep in warme soepkommen.

DIT HEB JE NODIG

100 g rogge, 100 g parelgort
200 g zuurkool, fijngesneden
2 groene paprika's, zaadlijsten verwijderd, gesneden
1 prei, fijngesneden
2 stengels selderij, fijngesneden
4 tomaten, gesneden
4 wortels, fijngesneden
2 tl zout, 1 tl venkel
1 tl versgehakte dragon
versgemalen zwarte peper, naar smaak
1 dl melk, 1 dl zure room
water
1 el versgehakte dille

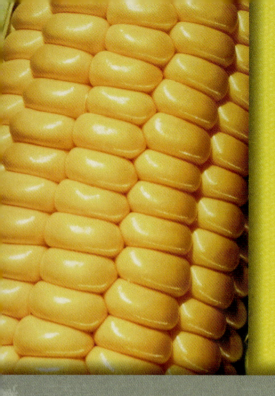

Maïsroomsoep

voor 4-6 personen

ZO MAAK JE HET

Verhit de olie. Fruit de uien onder af en toe roeren in 10-15 min. glazig. Haal de maïskorrels met een scherp mes van de kolven.
Werk van boven naar beneden.

Voeg de maïs en de bouillon aan de uien toe. Meng alles goed. Doe het deksel op de pan en laat het mengsel 10 min. zachtjes koken tot de maïs gaar is. Roer af en toe. Neem de pan van het vuur en laat de inhoud enigszins afkoelen.

Pureer het in een foodprocessor of blender tot een glad mengsel. Doe het mengsel in een pan en voeg de room, peper en nootmuskaat toe en verwarm het langzaam. Roer af en toe in de pan. Schep de soep in warme soepkommen en garneer met peterselie.

DIT HEB JE NODIG

2 el olijfolie, 6 uien, gesneden
6 maiskolven, 1 l groentebouillon
6 el room

versgemalen zwarte peper, naar smaak
versgemalen nootmuskaat, naar smaak
versgehakte peterselie, ter garnering

Gazpacho

voor 4 personen

ZO MAAK JE HET

Dompel de tomaten 1 min. in kokend water. Dompel ze vervolgens in koud water. Verwijder het velletje en het zaad. Zet de tomaten apart.

Hak de ui en de paprika fijn. Doe de ui, de paprika, de tomaten, knoflook, de komkommer, de wijnazijn, de olie en het tomatensap in een foodprocessor of blender. Pureer het geheel tot een glad mengsel.

Voeg naar smaak limoensap, peper en zout toe en roer alles goed door elkaar. Giet de soep in een glazen schaal. Dek de schaal af en zet de soep in de koelkast. Schep de soep in soepkommen en garneer met croûtons.

TIP
Voeg extra tomatensap toe als de soep te dik is.

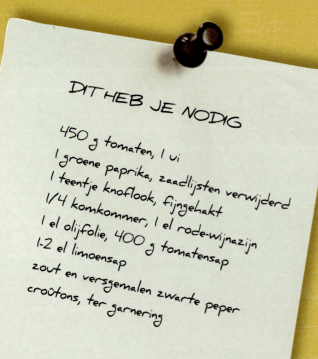

DIT HEB JE NODIG

450 g tomaten, 1 ui
1 groene paprika, zaadlijsten verwijderd
1 teentje knoflook, fijngehakt
1/4 komkommer, 1 el rode-wijnazijn
1 el olijfolie, 400 g tomatensap
1-2 el limoensap
zout en versgemalen zwarte peper
croûtons, ter garnering

Waterkers-champignonpaté

voor 4 personen

ZO MAAK JE HET

Laat de boter smelten. Fruit de ui onder af en toe te roeren glazig. Voeg de champignons toe. Draai het vuur hoger en bak het mengsel, al roerend, 2 min.

Voeg de waterkers toe en bak het geheel al roerend tot de waterkers zacht is.

Schep het mengsel in een foodprocessor of blender. Voeg de kwark en shoyu toe. Pureer het geheel tot een glad mengsel. Voeg naar smaak karwij en peper toe.

Verdeel de paté over meerdere schaaltjes of schep het in een grote schaal. Dek deze af en laat de paté ten minste 2 uur opstijven. Garneer met stukjes limoen.

DIT HEB JE NODIG

25 g boter
1 ui, fijngehakt
85 g champignons, fijngehakt
1 bosje waterkers, fijngehakt
115 g magere kwark
enkele druppels shoyu (Japanse sojasaus)
1/2 tl karwij
versgemalen zwarte peper
stukjes limoen, ter garnering

Kaas-paprikahapjes

voor 3-6 personen

ZO MAAK JE HET

Bestrijk de paprika's met olie en leg ze op een bakplaat. Bak ze in een voorverwarmde oven op 220 °C in ± 15 min. goudbruin.

Haal de paprika's uit de oven, bedek ze met een vochtige doek en laat ze enigszins afkoelen. Verwijder het velletje en de zaadlijsten van de paprika's. Snijd ze in reepjes en breng ze op smaak met peper en zout.

Snijd de kaas in gelijke stukken. Leg de schapenkaas op de gele paprika, de gorgonzola op de groene paprika en de Goudse kaas of cheddar op de rode paprika.

Steek de reepjes aan cocktailprikkertjes of vorkjes en serveer de hapjes.

DIT HEB JE NODIG

1 gele paprika
1 rode paprika
1 groene paprika
1 tl olijfolie
zout en versgemalen zwarte peper
85 g schapenkaas
85 g gorgonzola
85 g Goudse kaas of cheddar

Gemarineerde bonen

voor 4 personen

ZO MAAK JE HET

Was de bonen en doe ze in een schaal. Voeg de tijm toe en laat de bonen een nacht in ruim water weken. Giet ze af. Giet de bouillon in een pan. Voeg de bonen toe.

Druk de kruidnagelen in de ui. Voeg de ui, de knoflook en het laurierblad aan de bouillon met bonen toe. Roer alles goed door elkaar.
Breng het geheel aan de kook en doe het deksel op de pan. Laat het mengsel 1,5 uur koken tot de bonen gaar zijn. Roer af en toe.
Giet het mengsel door een zeef of vergiet. Bewaar de bonen en gooi de bouillon, ui en knoflook weg.

Voeg de fijngehakte knoflook, de mosterd, de oregano, de wijnazijn, de olie en de peterselie aan de ui toe. Voeg naar smaak peper toe. Roer de dressing door de bonen. Dek de bonen af en zet ze in de koelkast. Laat de dressing enige uren intrekken. Garneer met verse kruiden.

DIT HEB JE NODIG

200 g bruine en witte bonen
1 takje verse tijm
5 dl groentebouillon
2 kruidnagelen
1 ui, 2 teentjes knoflook
1 laurierblad
verse kruiden ter garnering

VOOR DE DRESSING

1 ui, gesneden, zeezout
2 teentjes knoflook, fijngehakt
1/2-1 tl Dijonmosterd
1/2-1 tl gedroogde oregano
4 el rode-wijnazijn
5 el olijfolie
1 bosje verse peterselie
versgemalen zwarte peper, naar smaak

Tzatziki

voor 4-6 personen

DIT HEB JE NODIG

500 g komkommer
500 g yoghurt of crème fraîche
1 teentje knoflook, fijngehakt
2 el fijngehakte verse munt
olijfolie, naar smaak
zout en versgemalen zwarte peper
verse peterselie, ter garnering

VARIATIES

Gebruik Griekse yoghurt. Vervang de munt door gemengde, verse kruiden.

TIP

U kunt de komkommer ook grof raspen.

ZO MAAK JE HET

Halveer de komkommer en verwijder de zaden. Snijd de komkommer in blokjes en doe deze in een kom.

Voeg de yoghurt of crème fraîche en het knoflook toe en meng alles goed. Voeg de munt, olijfolie, peper en het zout toe en roer alles goed door elkaar.

Schep het mengsel in een schaal en garneer met peterselie.

SERVEERSUGGESTIE

Serveer de tzatziki met pitabrood, zwarte olijven en rauwkost.

Aardappelnestjes

voor 2 personen

ZO MAAK JE HET

Kook de ui tot hij zacht is. Giet het water af.
Schil de gekookte aardappelen. Doe ze in een schaal, voeg melk en boter toe en pureer de aardappelen. Voeg naar smaak peper en zout toe.

Voeg de ui toe en meng alles goed. Halveer het mengsel en maak van iedere helft een 'nestje' op een ingevette bakplaat.

Breek boven ieder nestje een ei en bestrooi het geheel met geraspte kaas.

Bak de nestjes 20-25 min. in een voorverwarmde oven op 200 ºC tot de eieren gestold zijn. Garneren met peterselie.

DIT HEB JE NODIG

1 ui, fijngehakt
450 g aardappelen, in de schil gekookt
melk
boter
zout en versgemalen zwarte peper
2 eieren, 25 g geraspte cheddar
verse, gehakte peterselie, ter garnering

Chinesekoolgratin

voor 4 personen

ZO MAAK JE HET

Snijd de kool in 4 stukken en spoel ze goed af. Kook de kool 6 min. in ruim water met een beetje zout. Giet de kool af en leg de kool in een ovenschaal. Bedek de kool met de champignonplakjes.

Voeg naar smaak peper en zout toe. Meng de crème fraîche en de yoghurt in een kom. Klop de eieren door dit mengsel en breng het geheel op smaak met peper en zout. Voeg de geraspte nootmuskaat en het kerriepoeder toe.

Meng alles goed en giet de saus over de champignons. Bestrooi het geheel met geraspte kaas en bak het ± 30 min. in een voorverwarmde oven op 200 °C tot de bovenlaag goudbruin is. Direct serveren.

DIT HEB JE NODIG

750 g Chinese kool
250 g champignons, gesneden
zout en versgemalen zwarte peper
150 g crème fraîche
150 g yoghurt, 2 eieren
geraspte nootmuskaat, naar smaak
kerriepoeder, naar smaak
100 g belegen Goudse kaas, geraspt

Notenballetjes

voor 8 personen

ZO MAAK JE HET

Meng de amandelen, hazelnoten, pecannoten, broodkruimels en kaas in een schaal. Zet dit mengsel apart.

Klop het ei in een kom. Voeg de sherry, ui, gemberwortel, peterselie, Spaanse peper en paprika toe.
Voeg dit mengsel aan het notenmengsel toe. Voeg de peper en zeezout toe. Meng alles goed.

Als het mengsel te droog is, kunt u melk of sherry toevoegen. Draai van het mengsel balletjes met een doorsnede van ± 2,5 cm.

Leg de balletjes op een ingevette bakplaat en bak ze in een voorverwarmde oven op 180 ºC in 20-25 min. goudbruin.
Serveer ze warm of koud en garneer ze met limoen of citroen.

DIT HEB JE NODIG

60 g gemalen amandelen
60 g gemalen hazelnoten
60 g pecannoten, 85 g broodkruimels
115 g geraspte cheddar, 1 ei
4-5 el droge sherry of 2 el melk en 3 el droge sherry
1 ui, fijngehakt
1 el geraspte gemberwortel
1 el versgehakte peterselie
1 fijngehakte rode of groene Spaanse peper, zaden verwijderd
1 rode paprika, zaadlijsten verwijderd en in stukjes gesneden
1 tl zeezout
1 tl versgemalen zwarte peper
partjes limoen of citroen, ter garnering

Bulghurbootjes

voor 4-6 personen

ZO MAAK JE HET

Kook de pasta beetgaar. Verwijder zand en steentjes en spoel de linzen af. Laat de linzen ± 20 min. in ruim water koken. Houd het deksel op de pan en zorg ervoor dat de linzen niet te gaar worden.

Doe de bulghur in een kom. Voeg kokend water toe en zorg ervoor dat de bulghur onder water staat. Laat de bulghur 10 min. weken tot ze zacht en opgezwollen is. Giet het overtollige water af. Verwijder de zaadlijsten van de paprika's en snijd ze in stukjes. Hak de ui fijn.

Giet de gekookte linzen af en voeg ze aan de bulghur toe. Voeg de paprika's, ui, pijnboompitten, kruiden, citroenschil en het citroensap toe. Voeg naar smaak peper en zout toe. Meng alles goed.

Gebruik 1 blaadje sla per persoon. Schep de salade op het midden van het slablaadje en leg de sla op een platte schaal. Garneer het geheel met citroenpartjes. Direct serveren.

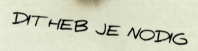

DIT HEB JE NODIG

55 g groene linzen, 115 g bulghur
1 rode paprika
1 groene paprika, 1 ui
55 g pijnboompitten
(geroosterd in een droge pan)
2 el gedroogde slakruiden
(dragon, bieslook of peterselie)
schil en sap van 1 citroen
zout en versgemalen zwarte peper
4-6 blaadjes snijsla

citroenpartjes, ter garnering

TIP
Dek de salade af en bewaar deze in de koelkast als u de salade niet direct wilt gebruiken.

Indonesische okra

voor 4-6 personen

ZO MAAK JE HET

Dop de okra en blancheer deze ± 3 min. in kokend water.
Doe de okra in een vergiet. Besprenkel de okra met azijn en laat deze goed uitlekken. Zet de okra apart.

Bak de okra en de uien, al roerend, tot de okra verkleurd is en de uien glazig zijn. Voeg de tomaten, het zout, de peper en de peterselie toe voor u de bouillon toevoegt.

Breng het mengsel aan de kook en doe het deksel op de pan. Laat het mengsel 10-15 min. koken tot de groenten zacht en gaar zijn. Roer af en toe in de pan. Warm serveren. Garneren met verse peterselie.

DIT HEB JE NODIG

1 kg okra
3 el kruidenazijn
2 el olijfolie
2 uien, fijngesneden
10 tomaten, ontveld en gehakt
zout en versgemalen zwarte peper
3 el versgehakte peterselie
5 dl groentebouillon
verse peterselie, ter garnering

Bloemkool-broccolisouffleetjes

voor 6 personen

DIT HEB JE NODIG

350 g bloemkool
350 g broccoli
55 g plantaardige margarine
55 g bruine rijstebloem
4,25 dl melk
55 g geraspte cheddar
1 ei, gesplitst
nootmuskaat
zout en versgemalen zwarte peper

ZO MAAK JE HET

Verdeel de bloemkool en broccoli in roosjes en verwarm ze 7-10 min. au bain marie tot de groenten net gaar zijn. Laat de boter in een pan smelten. Neem de pan van het vuur en voeg de bloem geleidelijk toe. Roer het mengsel tot een roux. Voeg de melk al roerend geleidelijk toe. Zorg dat er geen klontjes ontstaan.

Zet de pan weer op het vuur. Verwarm de saus tot deze kookt en dikker wordt. Neem de pan van het vuur. Laat de saus enigszins afkoelen voor u de kaas en de eierdooier toevoegt. Roer alles goed door elkaar en voeg de nootmuskaat toe.

Klop het eiwit stijf. Spatel het eiwit voorzichtig door de saus. Verdeel de gestoomde groenten over 6 ingevette soufflébakjes en bestrooi ze met peper en zout. Verdeel de saus over de kommetjes en zet deze ongeveer 35 min. in een voorverwarmde oven op 190 °C tot de bovenlaag goudbruin is. Direct serveren.

Champignon-knoedels met spinazie

voor 4-6 personen

ZO MAAK JE HET

Fruit de uien onder af en toe roeren in de gesmolten boter tot ze glazig zijn. Giet de champignons af, hak ze fijn en voeg ze aan de uien toe. Bak het mengsel, af en toe roerend, 5 min.

Voeg de cognac en 1 teentje knoflook toe. Draai het vuur hoger en laat het mengsel koken tot het vocht grotendeels is verdampt. Roer af en toe in de pan. Voeg de peterselie toe en neem de pan van het vuur. Zet het mengsel apart en laat het afkoelen. Meng in een kom de bloem met de melk en de room.

Voeg het champignonmengsel, de sjalotjes en de peperkorrels toe. Kneed het mengsel en vorm de knoedels. Kook de knoedels 10-15 min. in ruim water met wat zout. Giet ze af, zet ze apart en laat ze afkoelen. Was intussen de spinazie.

Kook de spinazie in de olijfolie, voeg geen water toe tot de spinazie slinkt. Giet de spinazie af. Druk op de groente om zoveel mogelijk water kwijt te raken. Hak de gekookte spinazie.
Voeg de overgebleven knoflook toe en breng het geheel op smaak met peper en zout. Laat de spinazie afkoelen voor u de kwark en de crème fraîche toevoegt. Serveer de knoedels met de spinazie. Garneer met verse kruiden.

DIT HEB JE NODIG

2 el boter, 2 uien, fijngesneden
225 g champignons uit blik, 1 el cognac
2 teentjes knoflook, fijngehakt
6 el versgehakte peterselie
175 g bloem
± 2,5 dl melk, 1,25 dl room
2 el fijngehakte sjalotjes
1 el groene peperkorrels
300 g spinazie, 1 el olijfolie
zout en versgemalen zwarte peper
250 g kwark
150 g crème fraîche
verse kruiden, ter garnering

Pastinaakbeignets

voor 4 personen

ZO MAAK JE HET

Meng de bloem, het bakpoeder, het zout de peper in een kom. Klop het ei in een kom en voeg de melk en de gesmolten boter toe.

Roer het eimengsel door de droge ingrediënten. Roer de gekookte pastinaak door het mengsel. Maak 16 kleine beignets. Verwarm de olie of geklaarde boter in een bakpan.

Bak de beignets rondom bruin, draai ze af en toe om. Warm serveren.

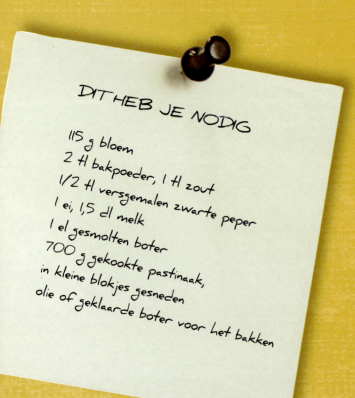

DIT HEB JE NODIG

115 g bloem
2 tl bakpoeder, 1 tl zout
1/2 tl versgemalen zwarte peper
1 ei, 1,5 dl melk
1 el gesmolten boter
700 g gekookte pastinaak, in kleine blokjes gesneden
olie of geklaarde boter voor het bakken

Veelkoren-pasteitjes

voor 2-4 personen

ZO MAAK JE HET

Giet de kwark af. Doe de kwark in een kom en voeg het zout, de bloem, peper, nootmuskaat en groenten toe. Meng alles goed. Meng de tarwe, parelgort en zonnebloempitten en voeg ze aan het kwarkmengsel toe. Roer alles goed.

Verhit de margarine in een pan en voeg het kwarkmengsel toe. Laat dit mengsel 5 min. bakken tot de bovenkant met een korst bedekt is. Draai het mengsel om en bak de andere kant tot deze ook knapperig is.

Maak met een vork een aantal pasteitjes en bak deze nog 2 min. Bestrooi ze met geraspte kaas.

DIT HEB JE NODIG

350 g kwark
200 g volkorenbloem
1 tl zout

versgemalen zwarte peper
geraspte nootmuskaat
1 bosje lente-uitjes, fijngesneden
1 venkelknol, gesneden
175 g tarwekorrels, gekookt
175 parelgort, gekookt

50 g zonnebloempitten
± 50 g plantaardige margarine
100 g emmentaler, geraspt

Spaghettitaart

voor 4 personen

ZO MAAK JE HET

Kook de spaghetti ± 15 min. of tot hij al dente is in ruim water met wat zout. Spoel de spaghetti met koud water af. Giet de pasta af en verspreid de pasta over een groot bord, zodat de slierten niet aan elkaar kunnen plakken. Zet de spaghetti apart. Stoom de wortels 30 min. boven een pan met kokend water tot ze gaar zijn. Pureer de wortels in een foodprocessor of een blender tot een gladde substantie. Schep de puree in een kom en meng deze met 3 eieren, de crème fraîche en de maïzena. Roer de knoflook, het basilicum en de sojasaus door het mengsel. Breng het geheel op smaak met peper en zout. Zet het mengsel apart. Bak de champignons met een snufje zout ±15 min. in 1 el olie tot het vocht verdampt is. Roer af en toe. Voeg de champignons en de tahoe aan het wortelmengsel toe. Roer alles goed door elkaar en zet het mengsel apart. Klop het overgebleven ei en roer dit door de spaghetti. Bekleed een ovenschaal met folie en bestrijk dit met olie. Schep en 'plak' een gedeelte van de spaghetti langs de randen van de ovenschaal, maak een soort spiraalvorm. Schep het wortelmengsel in de schaal. Zorg dat de spaghetti langs de rand blijft staan. Schep de overgebleven spaghetti op het wortelmengsel. Dek het geheel met ingevette folie af. Bak de pastataart 30-45 min. in een voorverwarmde oven op 220 ºC tot hij gaar is. Verwijder de folie aan de bovenkant. Haal de taart voorzichtig uit de schaal en verwijder ook de folie aan de onderkant. Zet de taart op een platte schaal en dek hem af. Maak de kaassaus door de melk in een pan te gieten en naar smaak peper, zout en nootmuskaat toe te voegen. Voeg de kaas toe en laat het mengsel, al roerend, zachtjes koken tot de saus romig is. Serveer de spaghettitaart met de kaassaus in een aparte kom. Garneer met verse kruiden.

DIT HEB JE NODIG

300 g volkorenspaghetti
1 kg wortels, gesneden
4 eieren, geklopt, 3 el crème fraîche
3 el maizena, 1 teentje knoflook, fijngehakt
2 el versgehakt basilicum, 1-2 el sojasaus
zout en versgemalen zwarte peper
2-3 el zonnebloemolie
500 g champignons
200 g tahoe, in blokjes gesneden
4 dl melk
gemalen nootmuskaat, naar smaak
125 g cheddar
verse kruiden, ter garnering

Rode linzen met groenten

voor 4 personen

DIT HEB JE NODIG

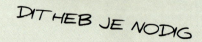

400 g rode linzen
2 el olijfolie
2 teentjes knoflook, fijngehakt
1 ui, in blokjes gesneden
1 wortel, in blokjes gesneden
1 prei, in ringen gesneden
1 stengel selderij, in blokjes gesneden
2-3 el tomatenpuree
7,5 dl groentebouillon
2 el witte-wijnazijn, 1 takje tijm
zout en versgemalen zwarte peper
cayennepeper, 2 el honing
1 bosje bieslook
preiringen, ter garnering

ZO MAAK JE HET

Was de linzen in koud water. Giet ze af en doe ze in een schaal. Laat de linzen een nacht in ruim water weken. Fruit de knoflook in de olie tot deze zacht is. Voeg de groenten toe en bak deze, al omscheppend, korte tijd. Voeg de tomatenpuree en de bouillon toe en breng het geheel aan de kook.

Giet de linzen af en voeg ze toe. Roer alles goed door elkaar. Doe het deksel op de pan en laat het mengsel 30-40 min. koken tot de groenten en de linzen gaar zijn. Roer af en toe in de pan. Voeg de wijnazijn en de tijm toe. Breng het geheel op smaak met peper, zout en cayennepeper en voeg de honing toe. Kook het mengsel onder af en toe roeren 10-15 min. op een gematigd vuur.

Hak de bieslook fijn. Houd een gedeelte apart voor de garnering, dit hoeft u niet te hakken. Controleer de smaak als het gerecht gaar is. Voeg de bieslook toe. Garneer het geheel met preiringen en sprieten bieslook.

Linzenmoussaka

voor 4-6 personen

ZO MAAK JE HET

Kook de linzen in ruim water tot ze gaar zijn. Giet ze af en bewaar het kooknat. Zet de linzen apart. Bak de aubergineschijfjes in de olie tot ze lichtbruin zijn. Laat ze uitlekken en zet ze apart. Sauteer de ui, de knoflook, de wortel, de selderij en een gedeelte van het kooknat van de linzen. Doe het deksel op de pan en laat het geheel zachtjes koken tot het mengsel gaar is. Roer af en toe.

Voeg de linzen, de gemengde kruiden en de tomaten uit blik toe. Laat het mengsel 3-4 min. zachtjes koken en breng het geheel op smaak met shoyu en peper. Schep een laagje van het linzenmengsel in een ovenschaal en bedek dit met de helft van de aubergineschijven. Bedek de aubergine met de helft van de aardappelschijfjes en met de plakjes tomaat. Maak vervolgens laagjes van de overgebleven linzen, aubergines en aardappelen. Maak de saus door de margarine in een pan te laten smelten. Neem de pan van het vuur en voeg de bloem al roerend toe. Roer het mengsel tot een roux. Voeg de melk al roerend geleidelijk toe, zodat er een gladde saus ontstaat. Verwarm de saus, al roerend, tot hij indikt. Neem de pan van het vuur en laat de inhoud enigszins afkoelen. Voeg de eierdooier toe en roer de kaas en de nootmuskaat door de saus. Klop het eiwit stijf. Spatel het eiwit voorzichtig door de saus. Giet de saus over de moussaka. Zorg ervoor dat de bovenkant helemaal bedekt wordt. Bak de moussaka ± 40 min. in een voorverwarmde oven op 180 °C tot de bovenkant goudbruin is. Direct serveren. Garneer met verse kruiden.

DIT HEB JE NODIG

140 g groene linzen, 1 aubergine, in schijven gesneden
3-4 el olijfolie, 1 ui, fijngehakt, 1 teentje knoflook, fijngehakt
1 wortel, gesneden
4 stengels selderij, fijngehakt
1-2 tl gedroogde, gemengde kruiden
400 g tomaten uit blik, gehakt
2 tl shoyu (Japanse sojasaus)
versgemalen zwarte peper, naar smaak
2 aardappelen, gekookt en gesneden
2 tomaten, gesneden

VOOR DE SAUS

55 g plantaardige margarine
55 g bruine rijstebloem
4,25 dl melk, 1 ei, gesplitst
55 g geraspte cheddar
1 tl gemalen nootmuskaat
verse kruiden, ter garnering

Vegetarische paella

voor 4-6 personen

ZO MAAK JE HET

Verhit de olie en fruit de ui en knoflook tot deze zacht zijn. Voeg de paprika en de rijst toe en laat het nogmaals 4-5 min. bakken, tot de rijst transparant is. Schep af en toe om.

Voeg de bouillon, wijn, tomaten, tomatenpuree en kruiden toe. Laat het mengsel 10-15 min. zachtjes koken. Roer af en toe. Voeg stukken paprika, selderij, champignons en peultjes toe en laat het geheel 30 min. koken tot de rijst gaar is.

Roer af en toe en voeg indien nodig bouillon toe.
Voeg de erwten en cashewnoten toe. Breng het geheel op smaak met peper en zout. Als de erwten gaar zijn, schept u de paella in een warme schaal.

Bestrooi de paella met peterselie en garneer het geheel met partjes citroen en olijven. Direct serveren.

DIT HEB JE NODIG

4 el olijfolie, 1 ui, gehakt
2 teentjes knoflook, fijngehakt
1/2 tl paprika, 350 g bruine rijst
8,5 dl groentebouillon, 1,75 dl droge, witte wijn
400 g tomaten uit blik (met sap), gehakt
1 el tomatenpuree, 1/2 tl gedroogde dragon
1 tl gedroogd basilicum, 1 tl gedroogde oregano
1 rode paprika, grof gehakt
1 groene paprika, grof gehakt
3 stengels selderij, fijngehakt
225 g champignons, gesneden
55 g peulen, gedopt en gehalveerd
155 g diepvrieserwten
55 g gehakte cashewnoten
zout
versgemalen zwarte peper
vers gehakte peterselie, partjes citroen en olijven, ter garnering

Indiase groentecurry

voor 4 personen

DIT HEB JE NODIG

2 tl gemalen koenjit, 1 tl komijn
1 tl mosterdzaad, 1 tl fenegriek
4 tl koriander, 1/2 tl chilipoeder
1 tl zwarte peperkorrels
450 g uien, fijngehakt
± 4 el plantaardige olie
3 dl melk, 2 el witte-wijnazijn
400 g tomaten uit blik, met sap
1 el tomatenpuree, 2 el bruine suiker
1 tl groentebouillonpoeder
óf 1 blokje groentebouillon opgelost in kokend water
900 g gehakte champignons
óf gemengde groenten als champignons, bloemkool, wortels, aardappelen en okra

ZO MAAK JE HET

Vermaal de kruiden met een stamper en vijzel. Op deze manier maakt u 3 eetlepels currypoeder. Zet dit apart.

Fruit de uien, al roerend, in de olie goudbruin. Voeg de gemalen kruiden toe, draai het vuur lager en bak het mengsel, al roerend, 3 min. Voeg de melk en azijn toe. Roer alles goed door elkaar. Voeg de tomaten, tomatenpuree, suiker en bouillon toe.

Laat het mengsel 1 uur zachtjes koken, roer af en toe in de pan.

Voeg de groenten toe en laat het geheel ± 30 min. koken tot de groenten gaar zijn. Roer af en toe. Direct serveren.

TIP

De curry is zeker 3 maanden in de diepvries te bewaren. U kunt dus ook grotere hoeveelheden maken.

Bonenlasagne

voor 4-6 stuks

ZO MAAK JE HET

Kook de lasagne 8-10 min. in ruim water tot ze al dente is. Giet de lasagne af en leg de vellen naast elkaar om ze te laten afkoelen en om plakken te voorkomen.

Fruit intussen de ui in de olie tot deze glazig is. Voeg een snufje zout toe om het vocht te onttrekken. Voeg vervolgens de knoflook toe. Voeg de bonen, paprika, tomaten, toamtenpuree en gedroogde kruiden toe. Roer alles goed door elkaar. Laat het geheel 10 min. zachtjes bakken tot de groenten gaar zijn. Roer af en toe. Voeg de shoyu toe en breng het geheel op smaak met peper en zout. Maak de saus door de margarine, bloem en melk, al roerend, langzaam aan de kook te brengen. Dek de pan gedeeltelijk af als het mengsel dikker wordt. Roer regelmatig en laat het ongeveer 6 min. zachtjes koken. Als u kaas gebruikt, roert u deze door de saus. Breng het geheel op smaak met peper en zout. Leg de lasgne in laagjes in een ingevette ovenschaal. Hanteer hierbij deze volgorde: de helft van het bonenmengsel, de helft van de pasta, de rest van het bonenmengsel en de overgebleven pasta. Giet als laatste de saus over de schotel.

Bak de lasgne ongeveer 35 min. in een voorverwarmde oven op 180 ºC tot de bovenlaag goudbruin is. Dien de lasagne op in de schaal waarin u de lasagne hebt gebakken en garneer met verse kruiden.

DIT HEB JE NODIG

8 velletjes volkorenlasagne, 1 ui, fijngehakt
1 el plantaardige olie, zout
1-2 teentjes knoflook, fijngehakt
225 g gekookte adukibonen
1 groene paprika, zaadlijsten verwijderd en gehakt
400 g tomaten uit blik, gehakt
1 el tomatenpuree, 1 tl gedroogd basilicum
1 tl gedroogde oregano, shoyu (Japanse sojasaus) of zout
versgemalen zwarte peper

VOOR DE SAUS

25 g plantaardige margarine of boter
25 g volkorenbloem
4,25 dl melk of sojamelk
55 g geraspte cheddar (naar keuze)
verse kruiden, ter garnering

Wortel-cashewnotencake

voor 6 personen

DIT HEB JE NODIG

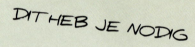

1 ui, gehakt
1-2 teentjes knoflook, fijngehakt
1 el olijf- of zonnebloemolie
450 g wortels, gekookt en gepureerd
225 g cashewnoten, gemalen
115 g broodkruimels
1 el tahin, 1,5 tl karwij
1 tl gistextract
sap van een 1/2 citroen
75 ml water of kooknat van de wortels
zout en versgemalen zwarte peper
verse peterselie en ringen paprika, ter garnering

ZO MAAK JE HET

Fruit de knoflook en de ui in een pan tot deze zacht zijn. Roer af en toe. Neem de pan van het vuur. Meng de ui en knoflook met de overige ingrediënten (behalve die voor de garnering).

Roer alles goed door elkaar en breng het geheel op smaak met peper en zout. Schep het mengsel in een ingevette broodvorm met een inhoud van 900 g. Strijk de bovenkant glad. Dek de vorm af met folie en bak de cake 1 uur in een voorverwarmde oven op 180 °C.

Verwijder de folie en bak de cake nog 10 min. Laat de cake ten minste 10 min. in de bakvorm afkoelen voor u hem stort. Stort de cake op een platte schaal. Verdeel de cake in plakken. Garneer met peterselie en ringen paprika.

Aardappel-courgettegratin

voor 2 personen

ZO MAAK JE HET

Leg de aardappel- en courgetteschijfjes om en om in een ingevette quichevorm.

Meng de fijngehakte knoflook met de room. Breng het mengsel op smaak met peper en zout.

Roer de dragon door het mengsel en giet dit over de groenten. Bestrooi het geheel met geraspte kaas. Leg enige klontjes boter op de bovenkant. Bak het gerecht 20-25 min. in een voorverwarmde oven op 220 °C tot de bovenkant goudbruin is. Direct serveren.

VARIATIES
Vervang de aardappelen door bataat (zoete aardappel). Vervang de courgettes door champignons. Gebruik eens cheddar in plaats van emmentaler of vers basilicum in plaats van dragon.

DIT HEB JE NODIG

250 gekookte aardappelen, gesneden
250 g courgettes, gesneden
2 teentjes knoflook, fijngehakt
2,5 dl room

versgemalen zeezout en zwarte peper
1-2 el versgehakte dragon
50 g geraspte emmentaler
boter

Tabouleh

voor 6 personen

ZO MAAK JE HET

Meng de bulghur en het zout in een kom. Voeg 3,5 dl water toe en laat het mengsel 15-20 min. rusten. Het water wordt geabsorbeerd.

Klop alle ingrediënten voor de dressing in een kom door elkaar. Roer de dressing door de tarwe. Dek de schaal af en zet deze 2 uur of een nacht in de koelkast of op een koele plek.

Voeg de tomaten, komkommer en lente-uitjes toe. Meng alles goed. Garneer met munt.

SERVEERSUGGESTIES
Serveren met vegetarische flans, koude groentepasta en geroosterde noten.

TIP

De salade wordt voedzamer als er gekookte bonen aan worden toegevoegd.

DIT HEB JE NODIG

175-200 g bulghur
1 tl zout
450 g tomaten, gehakt
1/2 komkommer
3-4 lente-uitjes, gehakt
verse munt, ter garnering

VOOR DE DRESSING

50 ml olijfolie
50 ml citroensap
2 el versgehakte munt
4 el versgehakte peterselie
2 teentjes knoflook, fijngehakt

Krielaardappelen met knoflook

voor 2-4 personen

ZO MAAK JE HET

Maak de aardappelen schoon met een borstel. Verwijder de wortel en het donkergroene gedeelte van de lente-uitjes. Snijd ze in de lengte doormidden.

Bak de aardappelen, al roerend, in de hete olie tot ze rondom lichtbruin zijn. Voeg de lente-uitjes en knoflook toe en bak het mengsel onder af en toe roeren ± 5 min.
Breng het gerecht op smaak met peper en zout en strooi de tijm eroverheen.

Voeg een beetje water toe en laat het gerecht nog ± 10-15 min. koken, tot de aardappelen gaar zijn. Direct serveren.

TIP

Fruit de knoflook niet te lang, anders smaakt het bitter.

DIT HEB JE NODIG

500 g krielaardappelen
1 bosje lente-uitjes
2 el olijfolie
10 teentjes knoflook
zout en versgemalen zwarte peper
1 el fijngehakte, verse tijm

VARIATIES
Vervang de olijfolie door sesamolie. Gebruik verse marjolein, oregano of bieslook in plaats van tijm.

Komkommer in romige dillesaus

voor 4-6 personen

ZO MAAK JE HET

Schil de komkommers en snijd ze in de lengte doormidden. Verwijder het zaad met een lepel en snijd ze in ongeveer 1 cm dikke plakken.

Verhit de boter in een pan, voeg de lente-uitjes toe en fruit deze onder af en toe roeren 5 min. tot ze zacht zijn. Voeg de komkommer toe en bak deze 3 min. Schep het mengsel af en toe om. Voeg de paprikastukjes toe en bak deze 5 min. tot ze zacht zijn. Roer af en toe.

Voeg het citroensap en de schil toe. Voeg naar smaak peper en zout toe. Doe het deksel op de pan en bak het mengsel onder af en toe roeren nogmaals 7 min.

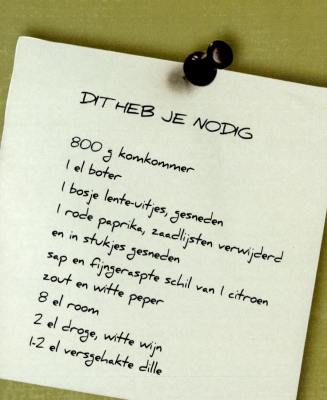

DIT HEB JE NODIG

800 g komkommer
1 el boter
1 bosje lente-uitjes, gesneden
1 rode paprika, zaadlijsten verwijderd en in stukjes gesneden
sap en fijngeraspte schil van 1 citroen
zout en witte peper
8 el room
2 el droge, witte wijn
1-2 el versgehakte dille

Paprikasalade

voor 4-6 personen

DIT HEB JE NODIG

3 groene paprika's
3 tomaten
2 uien
85 g gekiemde linzen
blauwe druiven, ter garnering

VOOR DE DRESSING

4 el olijfolie
2 el rode-wijnazijn
2 tl gemalen komijn
1/2 tl versgehakte koriander

ZO MAAK JE HET

Verwijder de zaadlijsten en snijd de paprika's in ringen. Snijd de tomaten in schijfjes en de uien in ringen. Leg de ringen paprika, schijfjes tomaat en uienringen om en om in een schaal. Bestrooi deze met linzen.

Maak de dressing door alle ingrediënten in een kom te mengen. Giet de dressing over de salade. Dek de schaal af en laat de dressing ten minste één uur op kamertemperatuur intrekken voor u de salade opdient.

SERVEERSUGGESTIES

Serveren met in de oven gebakken aardappelen met kaas of gegrilde polenta.

TIP

Gebruik alleen hele linzen, gehalveerde linzen lopen namelijk uit.
U kunt de salade vooraf bereiden en in de koelkast bewaren. Haal de salade 30 min. voor gebruik uit de koelkast.

Mount Carmelsalade

voor 4-6 personen

ZO MAAK JE HET

Snijd de wortels in fijne reepjes. Zet ze apart.

Verwijder de zaadlijsten en snijd de paprika in fijne reepjes. Zet de paprika apart. Snijd de abrikozen in reepjes. Zet ze apart. Rooster het sesamzaad in een droge koekenpan tot het goudbruin is. Haal de pan van het vuur en zet hem apart.

Doe de wortels, paprika, abrikozen en taugé in een schaal. Meng de Franse dressing en het ananassap in een kom en schep het door de salade. Strooi het sesamzaad over de salade. Direct serveren.

SERVEERSUGGESTIES
Serveren met vegetarische flans, pizza's of met vers, knapperig brood.

DIT HEB JE NODIG

115 g wortels, schoongemaakt
1 groene paprika
55 g verse abrikozen, 1 el sesamzaad
225 g taugé
4 el Franse dressing
2 el ongezoet ananassap

TIP
De taugé moet tenminste 2,5 cm lang zijn.

Broccoli-bloemkoolsalade

voor 4 personen

ZO MAAK JE HET

Verwijder de zaadlijsten en snijd de paprika in reepjes.
Zet de paprika apart.

Verdeel de bloemkool en de broccoli in roosjes.
Doe de paprika, bloemkool en broccoli in een schaal.

Maak de dressing door de yoghurt, de olijfolie, het citroensap, zout, peper en nootmuskaat te mengen.

Giet de dressing over de salade en roer alles goed door elkaar.
Verdeel de salade over 4 borden of kommen.
Garneer de salade met amandelsnippers. Direct serveren.

SERVEERSUGGESTIES
Serveren met crackers, haverkoeken of geroosterd brood.

DIT HEB JE NODIG

1 rode paprika, 275 g broccoli
275 g bloemkool
1 el geroosterde amandelsnippers

VOOR DE DRESSING

4 el Griekse yoghurt
2 el citroensap, 2 el olijfolie
zout en versgemalen zwarte peper
een snufje gemalen nootmuskaat

VARIATIES

Vervang de nootmuskaat door versgehakte kruiden. Gebruik in plaats van bloemkool kerstomaten of champignons. Vervang het citroensap door limoensap.

Griekse salade

voor 4 personen

DIT HEB JE NODIG

- 4 el olijfolie
- 4 courgettes, in plakjes gesneden
- 1 el fijngehakte, verse dille
- 2 el walnotenolie, 2 el citroensap
- 1 el dragonazijn
- zout en versgemalen zwarte peper
- suiker, naar smaak
- 4 tomaten, ontveld
- 1 rode paprika, zaadlijsten verwijderd
- 1 groene paprika, zaadlijsten verwijderd
- 2 uien, 250 g feta, verkruimeld
- 2 el fijngehakte, verse peterselie
- 1 el fijngehakte, verse munt of citroenmelisse
- 1 krop sla

ZO MAAK JE HET

Verhit de olie en bak de plakies cougette rondom lichtbruin. Keer ze af en toe om. Bestrooi de courgette met dille.

Giet het kooknat in een schaal en voeg de walnotenolie, azijn, peper, suiker, het citroensap en het zout toe. Meng alles goed en zet het apart.

Snijd de tomaten in schijfjes, de paprika's in reepjes en de uien in ringen. Voeg tomaat, paprika en ui aan de marinade toe. Meng alles goed. Voeg cougetteplakjes, feta en kruiden aan de marinade toe. Meng alle ingrediënten goed.

Dek de schaal af en zet hem ± 1 uur in de koelkast. Snijd de krop sla en voeg de sla aan de gemarineerde salade toe. Direct serveren.

Veelkorenbroodjes

voor 12 broodjes

ZO MAAK JE HET

Zeef de bloem in een kom. Voeg de melk en de suiker toe. Verkruimel de gist boven de kom.
Kneed het mengsel tot een soepel deeg. Laat het deeg 10-15 min. rijzen.
Voeg boter, 2 eieren, zout en 1-2 el olie aan het deeg toe. Kneed het mengsel tot een soepel deeg. Dek het deeg af en laat het op een warme plek ± 30 min. rijzen.
Kneed het deeg nogmaals en laat het nog eens 30 min. rijzen.
Verdeel het deeg in 12 kleine balletjes. Rol de balletjes uit op een met bloem bestoven werkblad.

Strijk de overgebleven olie uit op een bakplaat. Leg de deegballetjes op bakpapier en maak ze een beetje platter.
Klop de eierdooiers in een kom, voeg 4 el water toe. Strijk dit mengsel op de deegballetjes. Strooi de karwij, het zeezout en de koriander over de balletjes. Laat de balletjes nog 10 min. rijzen.

Bak de deegballetjes 15-20 min. in een voorverwarmde oven op 180 °C tot ze gerezen, gaar en goudbruin zijn.

DIT HEB JE NODIG

500 g witte bloem
1,25 dl handwarme melk
suiker, 25 g verse gist
100 g boter op kamertemperatuur
2 eieren, plus 2 eierdooiers
1 el zout, 2-3 el olijfolie
1 el karwij, 1 el zeezout, 1 el koriander

SERVEERSUGGESTIES

Smeer boter of vegetarische
paté op de broodjes.

TIP

Kneed het deeg met een mixer
met deeghaken; dit bespaart u
tijd en moeite.

Herfstbrood

voor 2 broden van 450g

DIT HEB JE NODIG

500 g bloemige aardappelen
40 g verse gist, verkruimeld
500 g volkorenbloem
2 dl handwarme melk
3 el zachte boter
1 tl zeezout
1 appel
150 g zonnebloempitten

SERVEERSUGGESTIES

Warm of koud serveren. Snijd het brood in plakjes en smeer er boter, plantaardige margarine of groentepaté op.

ZO MAAK JE HET

Was de aardappelen en kook ze 20 min. met wat zout tot ze gaar zijn. Schil de aardappelen terwijl ze nog heet zijn. Pureer de aardappelen en zet ze apart. Los de gist in 2-3 el handwarm water op. Meng de gist met de bloem in een kom. Voeg de melk, 2 dl handwarm water en de boter toe. Voeg het zout toe en kneed het mengsel tot een soepel deeg.
Schil de appel, verwijder het klokhuis en rasp de appel. Houd 2 el zonnebloempitten apart, rooster de rest 5 min. in een droge pan. Kneed de geroosterde zonnebloempitten, de gepureerde aardappelen en de geraspte appel door het deeg.
Leg het deeg in een schaal. Dek de schaal af en laat het deeg 1 uur op een warme plek rijzen.
Vet 2 vormen met een inhoud van 450 g in. Verdeel het deeg over de vormen en strooi de overgebleven zonnepitten erover. Laat het deeg op een warme plek nogmaals 40 min. rijzen.
Bak de broden 40-50 min. in een voorverwarmde oven op 220 °C tot ze gaar zijn. Haal de broden uit de vorm en leg ze op de zijkant.
Laat de broden afkoelen. Serveer in plakjes.

Amandel-wortelbrood

voor 4 personen

ZO MAAK JE HET

Rasp de wortels en besprenkel ze met citroensap. Zet ze apart. Meng de gist en de bloem. Voeg de granen, gemalen amandelen, honing, boter, het zout, het ei en 1 dl handwarm water toe. Kneed het mengsel tot een soepel deeg. Kneed het deeg ongeveer 5 min. Voeg tijdens het kneden geleidelijk de geraspte wortels toe. Voeg de rozijnen toe en kneed het deeg goed.

Leg het deeg in een schaal en dek deze af. Laat het deeg op een warme plek rijzen tot het volume verdubbeld is. Kneed het deeg nogmaals op een met bloem bestrooid werkblad. Strooi de helft van de geblancheerde amandelen op de bodem van een ingevette soufflévorm.

Doe het deeg in de vorm en bestrooi het met de overgebleven amandelen. Druk het deeg voorzichtig naar beneden. Zet de vorm op een warme plek en laat het deeg nogmaals rijzen tot het volume verdubbeld is. Bak het brood 50-55 min. in een voorverwarmde oven op 200 °C tot het gaar is. Laat het brood afkoelen en snijd het in plakken.

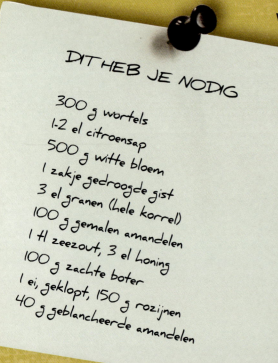

DIT HEB JE NODIG

- 300 g wortels
- 1-2 el citroensap
- 500 g witte bloem
- 1 zakje gedroogde gist
- 3 el granen (hele korrel)
- 100 g gemalen amandelen
- 1 tl zeezout, 3 el honing
- 100 g zachte boter
- 1 ei, geklopt, 150 g rozijnen
- 40 g geblancheerde amandelen

Mueslikoekjes

voor 40 koekjes

ZO MAAK JE HET

Bak het havermeel al roerend in olie tot het goudbruin is. Haal de pan van het vuur en laat de inhoud afkoelen. Hak de pruimen, rozijnen en hazelnoten fijn. Verhit de boter en de siroop in een pan tot ze gesmolten zijn. Haal de pan van het vuur en laat de inhoud afkoelen.

Meng het zout, de citroenschil en het mineraalwater in een kom. Voeg de gist toe. Voeg de bloem aan het citroenmengsel toe. Voeg de vruchten, noten, het boter-siroopmengsel en het gebakken havermeel toe. Kneed het mengsel tot een soepel deeg. Dek de kom af en zet het deeg een nacht in de koelkast. Gebruik 2 lepels om het deeg in kleine balletjes te verdelen. Leg de balletjes op een bakplaat die bedekt is met bakpapier. Bak de koekjes 20-25 min. in een voorverwarmde oven op 200 °C tot ze goudbruin zijn.

Laat de koekjes afkoelen. Meng de honing met 2 el kokend water en bestrijk de koekjes met het honingmengsel. Laat dit laagje drogen voor u de koekjes opdient.

DIT HEB JE NODIG

125 g grof gemalen havermeel
100 g pruimen zonder pit
100 g rozijnen, 100 g hazelnoten
20 g siroop
een snufje zeezout
fijngeraspte schil van een citroen
1,25 dl mineraalwater
125 g verkruimelde, verse gist
125 g witte bloem
2 el honing

Chocolade-amandelkoekjes

voor 50 koekjes

DIT HEB JE NODIG

500 g witte bloem
2 tl bakpoeder
150 g poedersuiker
1 el poedersuiker
15 g vanillesuiker
een snufje zout
1 ei, geklopt
350 g boter, in blokjes gesneden
40 g cacao, gezeefd
1 el melk of rum
100 g grof gehakte, geblancheerde amandelen
1 eiwit

ZO MAAK JE HET

Zeef de bloem en het bakpoeder in een kom en meng dit. Maak een kuiltje en voeg 150 g poedersuiker, de vanillesuiker, het zout en het ei toe. Meng alles goed. Voeg de boter in beetjes toe en kneed het mengsel tot een soepel deeg. Houd een derde van het deeg apart. Voeg de cacao, de el poedersuiker, de melk of rum en de gehakte amandelen toe. Kneed het deeg goed.

Verdeel het deeg in 4 rollen die 31 cm breed en 1,5 cm dik zijn. Rol het deeg dat u apart hebt gehouden uit tot een lap van 44 bij 31 cm. Snijd de lap in 4 repen die elk ongeveer 11 cm breed en 31 cm lang zijn. Bestrijk het deeg met het eiwit en leg op iedere reep een rol amandeldeeg. Wikkel de reep om de rol. Zorg dat de rol volledig bedekt wordt. Wikkel de rollen in folie en leg ze een nacht in de koelkast.

Verwijder de folie en verdeel de rollen in plakken van 1 cm. Leg deze plakken op een ingevette ovenplaat die bedekt is met bakpapier. Bak de koekjes 12-15 min. in een voorverwarmde oven op 200 °C tot ze gaar zijn. Laat de koekjes afkoelen.

Chocolade-haversneetjes

voor 12 sneetjes

DIT HEB JE NODIG

115 g carobbe (johannesbrood)
115 g plantaardige margarine
1 el honing
225 g haver
115 g rozijnen
55 g gedroogde kokos

ZO MAAK JE HET

Breek de carobbe boven een pan in stukken. Voeg de margarine en honing toe.

Laat het mengsel langzaam smelten. Meng de ingrediënten. Haal de pan van het vuur en roer er de haver, rozijnen en kokos door. Verdeel het mengsel over een ingevette bakplaat en bak het 25-30 min. in een voorverwarmde oven op 180 °C.

Laat de koek afkoelen en verdeel hem in sneetjes. Laat de sneetjes verder afkoelen. Neem de sneetjes, wanneer ze zijn afgekoeld, van de bakplaat. Bewaar de sneetjes in een luchtdichte bewaardoos.

TIP

Als u de sneetjes in folie of in een luchtdichte bewaardoos verpakt, kunt u ze zeker 3 maanden in de diepvries bewaren.

Gestoomde amandelpudding

voor 4-6 personen

DIT HEB JE NODIG

100 g zachte boter
100 g poedersuiker
15 g vanillesuiker
3 eieren
een snufje zout
2 druppels amandel-essence
50 g amandelen of hazelnoten, gehakt
150 g bloem, gezeefd
50 g maïzena, gezeefd
2 tl bakpoeder, gezeefd
3 el melk
bloem, voor het bestuiven

ZO MAAK JE HET

Klop de boter in een kom tot deze romig is. Roer geleidelijk de poedersuiker, vanillesuiker, eieren, het zout en de amandel-essence door de boter. Roer de noten door het mengsel en voeg de bloem, maïzena en het bakpoeder toe. Voeg de melk toe en meng alles goed.

Vet een puddingvorm in en bestrooi deze met bloem. Schep het amandelmengsel in de vorm en strijk de bovenkant glad. Dek de vorm af met ingevet, vetvrij papier. Stoom de pudding 1-1,5 uur boven een pan met kokend water tot de pudding gerezen en gaar is.

Stort de pudding op een warm bord. Direct serveren.

Sinaasappels op brandewijn met perzik-mangoroom

voor 4 personen

ZO MAAK JE HET

Schil 3 sinaasappels, snijd de schil fijn en kook deze 2 min. in een beetje water. Neem de pan van het vuur, giet de schillen af en laat ze afkoelen.

Schil ook de overige sinaasappels met een scherp mes en verwijder de velletjes en pitjes. Snijd de sinaasappels in dunne plakjes. Leg deze op een platte schaal en bestrooi ze met de gekookte reepjes schil.

Besprenkel de sinaasappels met brandewijn. Dek de schaal af en zet de sinaasappels 1 uur in de koelkast.

Pureer de mango's en perziken in een foodprocessor of blender tot een glad mengsel. Schep dit mengsel in een kom.
Roer de room door het mengsel, dek de kom af en zet deze in de koelkast. Serveer de sinaasappels met de perzik-mangoroom in een aparte kom.

DIT HEB JE NODIG

6 grote sinaasappels
3 el brandewijn
2 mango's zonder pit, geschild en in stukjes gesneden
4 perziken zonder pit, geschild en grof gehakt
3 el room

TIP

Schil de sinaasappels met een zesteur.

Fruittrifle

voor 6 personen

DIT HEB JE NODIG

115 g zachte, plantaardige margarine
85 g fijne, ongeraffineerde suiker
2 eieren, 85 g volkorenbloem, gezeefd
25 g carobbepoeder, 1,5 tl bakpoeder

VOOR DE TRIFLE

6 el appelsap, 1-2 el abrikozenlikeur
2 appels zonder klokhuis, met schil, gehakt, 1 banaan, in plakjes gesneden
2 sinaasappels, grof gesneden
halve ananas, binnenste gedeelte verwijderd, in blokjes gesneden, enkele druiven, gehalveerd, pitjes verwijderd, 55 g verse dadels, zonder pit, in stukjes gesneden
55 g hazelnoten, gehakt, 115 g slagroom
115 g Griekse yoghurt
sinaasappelpartjes, stukjes ananas en carobbe ter garnering

ZO MAAK JE HET

Klop de margarine en de suiker in een kom tot een luchtig mengsel.

Klop de eieren en spatel ze voorzichtig door de bloem, het carobbepoeder en het bakpoeder. Verdeel het mengsel over 2 ingevette, ronde bakvormen. Strijk de bovenkant glad. Bak het deeg 20 min. in een voorverwarmde oven op 180 ºC tot het gerezen en goudbruin is. Laat de cake afkoelen en zet deze apart.

Leg een stuk cake op de bodem van een schaal. Giet het appelsap over de cake en laat dit 30 min. intrekken. Giet de likeur, indien u dit gebruikt, in de schaal. Bedek de cake volledig met vruchten en noten. Klop de slagroom stijf. Spatel de slagroom door de yoghurt. Giet dit mengsel over het fruit en de noten. Versier de bovenkant door met een vork lijnen te trekken.

Laat de trifle afkoelen. Garneer het geheel met sinaasappelpartjes, stukjes ananas en carobbe.

Cashew-ijs

voor 4 personen

ZO MAAK JE HET

Pureer alle ingrediënten, behalve de ananas,
in een foodprocessor of blender tot een glad mengsel.

Voeg de ananas toe en mix het mengsel nog even.
Schep het mengsel in een diepvriesdoos, doe het deksel
op de doos en zet deze ± 2 uur in de diepvries tot de inhoud
papperig is.

Schep het mengsel in een koude schaal en prak het met een
vork om de ijskristallen kapot te maken.

Doe het mengsel weer in de doos, doe het deksel op de doos
en laat het verder invriezen tot het hard is.

Zet het ijs 30 min. voor gebruik in de koelkast, zodat het wat
zachter wordt. Serveer het ijs in bolletjes.

DIT HEB JE NODIG

1 rijpe banaan, fijngehakt
115 g fijngemalen cashewnoten
1,5 dl sojamelk
1/2 tl vanille-essence
2 tl honing
2 schijven ongezoete ananas uit blik, in blokjes gesneden

Compote

voor 6-8 personen

DIT HEB JE NODIG

- 225 g gedroogde pruimen
- 225 g gedroogde abrikozen
- 115 g gedroogde vijgen
- 115 g rozijnen
- 115 g geblancheerde amandelen
- 55 g pijnboompitten
- 1 tl kaneel
- 1/4 tl gemalen nootmuskaat
- 115 g bruine suiker
- 1 el rozenwater
- sap en fijngeraspte schil van 1 sinaasappel

TIP
Compote wordt na 24 uur dik en stroperig. Als u meer vocht wilt toevoegen, kunt u sinaasappelsap gebruiken.

ZO MAAK JE HET

Verwijder de pitten uit de pruimen en hak de pruimen in grove stukken.

Halveer de abrikozen en snijd de vijgen in 4 stukken. Doe het fruit in een grote schaal en voeg de overige ingrediënten toe. Meng alles goed. Voeg koud water toe. Zorg dat het fruit net onder water staat. Roer alles goed door elkaar.

Dek de schaal af. Zet de schaal enkele dagen op een koele plaats. Roer het mengsel iedere dag een paar keer. Roer het mengsel goed door elkaar voor u het opdient. Schep de compote in schaaltjes.

Vruchtentaart

voor 4 personen

ZO MAAK JE HET

Zeef de bloem en het boekweitmeel in een kom. Voeg het zout, de honing, de zure room en de boter toe. Kneed het mengsel tot een soepel deeg. Zet het deeg een tijdje in de koelkast als het plakkerig is.

Bestrooi het werkblad met bloem en rol het deeg uit. Bekleed met het deeg een vlaaivorm met een doorsnede van 25 cm. Snijd de rand af. Prik met een vork een paar gaten in de bodem. Zet de vorm op een bakplaat.

Bak de taartbodem 20-25 min. in een voorverwarmde oven op 190 ºC tot deze goudbruin is.

Laat de taartbodem afkoelen en verwijder de bakvorm voorzichtig. Leg de afgekoelde taartbodem op een gebakschaal en verdeel het fruit over de bodem.

Verwarm de jam, al roerend, tot deze vloeibaar is. Strijk de jam over het fruit. Verdeel de taart in punten; garneer het geheel met gehakte noten.

DIT HEB JE NODIG

100 g witte bloem
100 g boekweitmeel
een snufje zout
1 el honing
100 g zure room
100 g zachte boter
600-700 g fruit, zoals aardbeien, frambozen, bramen of gekookte abrikozen
4 el aardbeien- of abrikozenjam
gehakte noten, ter garnering

TIP

U kunt ook kleine taartjes maken. Deze hoeven niet zo lang in de oven.

Register

Aardappel-courgettegratin	56
Aardappelnestjes	24
Amandel-wortelbrood	76
Bloemkool-broccolisouffleetjes	34
Bonenlasagne	52
Broccoli-bloemkoolsalade	68
Bulghurbootjes	30
Cashew-ijs	90
Champignonknoedels met spinazie	36
Chinese-koolgratin	26
Chocolade-amandelkoekjes	80
Chocolade-haversneetjes	82
Compote	92
Erwtensoep	8
Fruittrifle	88
Gazpacho	14
Gemarineerde bonen	20
Gestoomde amandelpudding	84
Griekse salade	70
Groentesoep	6
Groentesoep met gerst	10
Herfstbrood	74
Indiase groentecurry	50
Indonesische okra	32

Kaas-paprikahapjes	18
Komkommer in romige dillesaus	62
Krielaardappelen met knoflook	60
Linzenmoussaka	46
Maïsroomsoep	12
Mount Carmelsalade	66
Mueslikoekjes	78
Notenballetjes	28
Paprikasalade	64
Pastinaakbeignets	38
Rode linzen met groenten	44
Sinaasappels op brandewijn met perzik-mangoroom	86
Spaghettitaart	42
Tabouleh	58
Tzatziki	22
Veelkorenbroodjes	72
Veelkorenpasteitjes	40
Vegetarische paella	48
Vruchtentaart	94
Waterkers-champignonpaté	16
Wortel-cashewnotencake	54